PLAQUETTE

OFFERTE

A

HENRY ROUJON

DIRECTEUR DES BEAUX-ARTS

EN SOUVENIR DE SON ÉLECTION

A L'ACADÉMIE DES BEAUX-ARTS

Le 3 Juin 1899

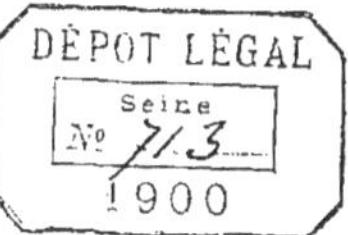
DÉPOT LÉGAL
Seine
N° 713
1900

PARIS

TYPOGRAPHIE DE PLON-NOURRIT et Cie

8, RUE GARANCIÈRE, 8

1900

PLAQUETTE

OFFERTE

À

HENRY ROUJON

DIRECTEUR DES BEAUX-ARTS

PAR SES AMIS ET COLLABORATEURS

ET PAR SON CONFRÈRE J.-C. CHAPLAIN

M. LEYGUES (Georges), ministre de l'Instruction publique et des Beaux-Arts.

MM. ALFROY, sous-chef de bureau au Ministère des Beaux-Arts.

ALSBERG, attaché à la Direction des Beaux-Arts.

ANCIAUX, rédacteur à la Direction des Beaux-Arts.

ANDRÉ (Antoine), architecte des Bâtiments civils.

ANDRÉ (François), architecte des Bâtiments civils.

AUBÉ, rédacteur à la Direction des Beaux-Arts.

AVOINE, attaché à la Direction des Beaux-Arts.

BACHELLERY, contrôleur principal à la Direction des Beaux-Arts.

BADIN, administrateur de la Manufacture nationale de Beauvais.

BAISSE, calculateur-reviseur à la Direction des Beaux-Arts.

MM. BALLU (Albert), architecte en chef des Monuments historiques de l'Algérie, inspecteur-général des Musées historiques algériens.

BANÈS, bibliothécaire-adjoint au Théâtre national de l'Opéra.

BARDON, architecte des Bâtiments civils.

BARTH, architecte des Bâtiments civils.

BASCHET, attaché à la Direction des Beaux-Arts.

BATIGNY, architecte des Bâtiments civils.

BAUDIN, chef des ateliers de fabrication de la Manufacture nationale de Sèvres.

BAUDOT (DE), inspecteur général des Travaux diocésains, membre de la Commission des Monuments historiques.

BAUMGART, administrateur de la Manufacture nationale de Sèvres.

BAYET, directeur de l'Enseignement primaire au Ministère de l'Instruction publique et des Beaux-Arts.

BEAUVAIS, architecte des Bâtiments civils.

BELLAY, inspecteur de l'Enseignement du dessin et des Musées.

BÉNARD, architecte des Bâtiments civils.

BÉNÉDITE, (Georges), conservateur-adjoint au Musée du Louvre.

BÉNÉDITE (L.), conservateur du Musée du Luxembourg.

BENOIT, attaché à la Direction des Beaux-Arts.

BERGER, rédacteur à la Direction des Beaux-Arts.

BERNHEIM, commissaire du Gouvernement près les Théâtres subventionnés.

BERNIER, architecte des Bâtiments civils.

BERR DE TURIQUE, sous-chef de bureau à la Direction des Beaux-Arts.

MM. BERTIN, architecte des Bâtiments civils.

BIGARD-FABRE, chef de bureau à la Direction des Beaux-Arts.

BLAVETTE, architecte des Bâtiments civils.

BLONDEL LA ROUGERY, contrôleur des dépenses à la Direction des Beaux-Arts.

BOBIN, architecte des Bâtiments civils.

BŒSWILWALD, inspecteur-général des Monuments historiques.

BOITTE, architecte des Bâtiments civils.

BOMIER, inspecteur de l'École nationale des Beaux-Arts.

BONNIER, architecte des Bâtiments civils.

BOUCHER, attaché au secrétariat du Musée du Louvre.

BOUCHET-DOUMENQ, inspecteur de l'Enseignement du dessin et des Musées.

BOURDON (P.), inspecteur des Théâtres.

BOURGEAT (F.), chef du secrétariat du Conservatoire national de musique et de déclamation.

CAMUT, architecte des Bâtiments civils.

CANOBY, inspecteur de l'Enseignement musical.

CAUX, sous-chef de bureau à la Direction des Beaux-Arts.

CHANCEL (Abel), architecte des Bâtiments civils.

CHANCEL (Adrien), architecte des Bâtiments civils.

CHAPELLES (Eugène des), chef de bureau à la Direction des Beaux-Arts.

CHAPIRON, calculateur à la Direction des Beaux-Arts.

CHARVET, inspecteur de l'Enseignement du dessin et des Musées.

CHEDANNE, architecte des Bâtiments civils.

MM. CHENNEVIÈRES (H. DE), conservateur-adjoint au Musée du Louvre.

CHIPIEZ, inspecteur principal de l'Enseignement du dessin.

CHIPOT, attaché à la Direction des Beaux-Arts.

CIEUTAT, rédacteur à la Direction des Beaux-Arts.

CLAVEAU, rédacteur à la Direction des Beaux-Arts.

CLÉMENT, conservateur du matériel de l'État près les Théâtres subventionnés.

COLIN (Paul), inspecteur principal de l'Enseignement du dessin.

COLOMBANI, attaché à la Direction des Beaux-Arts.

CORNUS, attaché au secrétariat du Musée du Louvre.

COULON, attaché à la Direction des Beaux-Arts.

COURTOIS-SUFFIT, architecte des Bâtiments civils.

COZIC, attaché à la Direction des Beaux-Arts.

CREMONA, rédacteur à la Direction des Beaux-Arts.

CROST, chef de bureau à la Direction des Beaux-Arts.

DANFRAY, attaché à la Direction des Beaux-Arts.

DAUBAN, inspecteur de l'Enseignement du dessin et des Musées.

DAUDET (G.), inspecteur des Théâtres.

DAYOT, inspecteur des Beaux-Arts.

DEGLANE, architecte des Bâtiments civils.

DEJEAN, chef du cabinet du Ministre de l'Instruction publique et des Beaux-Arts.

DELANAUD, attaché à la Direction des Beaux-Arts.

DEVIC, architecte des Bâtiments civils.

DEZOËTE, attaché à la Direction des Beaux-Arts.

DUBOIS (Paul), directeur de l'École nationale des Beaux-Arts.

MM. DUBOIS (Théodore), directeur du Conservatoire
national de musique et de déclamation.

DUFOUR, attaché à la Direction des Beaux-Arts.

DULOU, attaché au secrétariat du Musée du Louvre.

DUMONTHIER, rédacteur à la Direction des Beaux-Arts.

DUPRÉ, rédacteur à la Direction des Beaux-Arts.

DURAND, sous-chef de bureau honoraire à la Direction des Beaux-Arts.

DUTERT, inspecteur général de l'Enseignement du dessin.

ENLART, sous-bibliothécaire de l'École nationale des Beaux-Arts.

ESQUIÉ, architecte des Bâtiments civils.

ESTOURNELLES DE CONSTANT (D'), chef de bureau au Ministère de l'Instruction publique et des Beaux-Arts.

FAUCROT, attaché à la Direction des Beaux-Arts.

FAURE, rédacteur à la Direction des Beaux-Arts.

FAURÉ, inspecteur de l'Enseignement musical.

FAUVEL, agent-comptable de la Manufacture nationale de Sèvres.

FERRAND (Paul), chef de la division de comptabilité au Ministère de l'Instruction publique et des Beaux-Arts.

FLÉCHEUX, attaché à la Direction des Beaux-Arts.

FONCK, rédacteur à la Direction des Beaux-Arts.

FORMIGÉ, architecte, membre de la Commission des Monuments historiques.

FOUQUIER (Marcel), inspecteur des Théâtres.

FOURNEREAU, inspecteur de l'Enseignement du dessin et des Musées.

MM. GAGNÉ, architecte des Bâtiments civils.

GAIN, architecte des Bâtiments civils.

GALBRUN, secrétaire agent-comptable-adjoint au Musée du Louvre.

GARNIER, conservateur du musée de la Manufacture nationale de Sèvres.

GAUNÉ (G.), inspecteur des Théâtres.

GENÉRÈS, chef de bureau au Ministère de l'Instruction publique et des Beaux-Arts.

GÉNUYS, sous-directeur de l'École nationale des Arts décoratifs.

GERHARDT, architecte des Bâtiments civils.

GILLE, architecte des Bâtiments civils.

GIRAUD, chimiste de la Manufacture nationale de Sèvres.

GIRAULT, architecte des Bâtiments civils.

GIUDICELLI, commissaire des Expositions.

GOURLET (DE), inspecteur général du Garde-Meuble et des Palais nationaux.

GRAMMONT (DE), agent-comptable de la Manufacture nationale de Beauvais.

GRANDJEAN, contrôleur des travaux des Monuments historiques.

GUADET, inspecteur général des Bâtiments civils.

GUÉPIN, architecte des Bâtiments civils.

GUIFFREY (J.-J.), administrateur de la Manufacture nationale des Gobelins.

GUIFFREY (J.), attaché à la conservation du Musée du Louvre.

GUILLAUME, directeur de l'Académie de France, à Rome.

HARAUCOURT, directeur du Musée de Sculpture comparée.

MM. HAVARD, inspecteur général des Beaux-Arts.

HEUZEY (Léon), conservateur au Musée du Louvre.

HIRSCH, inspecteur de l'Enseignement du dessin et des Musées.

HUMBERDOT, rédacteur à la conservation du Palais de l'Élysée.

JAMOT (P.), attaché à la conservation du Musée du Louvre.

JOANNIS, architecte des Bâtiments civils.

JONCIÈRES, inspecteur de l'Enseignement musical.

JOUGUET, calculateur à la Direction des Beaux-Arts.

JOUIN (Henry), secrétaire de l'École nationale des Beaux-Arts.

JOURDAIN, attaché à la Direction des Beaux-Arts.

KAEMPFEN, directeur des Musées nationaux.

KERST (Maurice), rédacteur à la Direction des Beaux-Arts.

LAFARGUE, architecte des Bâtiments civils.

LAFENESTRE (G.), conservateur au Musée du Louvre.

LALANDE, sous-chef de bureau à la Direction des Beaux-Arts.

LAHORGUE, attaché à la Direction des Beaux-Arts.

LALOUX, architecte des Bâtiments civils.

LAMBERT, architecte des Bâtiments civils.

LAMY, commis au Conservatoire national de musique et de déclamation.

LAPORTE, agent-comptable de l'Académie de France à Rome.

LARROUMET, secrétaire perpétuel de l'Académie des Beaux-Arts.

MM. LAURENT, attaché à la Direction des Beaux-Arts.

LECLERC, architecte des Bâtiments civils.

LE DESCHAULT, architecte des Bâtiments civils.

LEDRAIN (E.), conservateur-adjoint au Musée du Louvre.

LEGRAND, attaché à la Direction des Beaux-Arts.

LEFORT, inspecteur des Beaux-Arts.

LEMOYNE, archiviste de l'École nationale des Arts décoratifs.

LENEPVEU, inspecteur de l'Enseignement musical.

LEPRIEUR (P.), conservateur-adjoint au Musée du Louvre.

LEROY, chef de bureau au Cabinet du Ministre, chargé du secrétariat des services des Beaux-Arts.

LESOURD, attaché au Cabinet du directeur des Beaux-Arts.

LEVASSEUR, attaché à la Direction des Beaux-Arts.

LHOTE, sous-chef du secrétariat au Conservatoire national de musique et de déclamation.

LIARD, directeur de l'Enseignement supérieur au Ministère de l'Instruction publique et des Beaux-Arts.

LINTILHAC, chef-adjoint du Cabinet du Ministre de l'Instruction publique et des Beaux-Arts.

LISCH, inspecteur-général des Monuments historiques.

LOCQUET, administrateur du Garde-Meuble.

LOQUET, architecte des Bâtiments civils.

LUGUIÈRE, attaché au Ministère des Beaux-Arts.

MAGNE, architecte, membre de la Commission des Monuments historiques.

MALLET, chef de bureau adjoint au Cabinet du Ministre.

MARC, rédacteur à la Direction des Beaux-Arts.

MM. MARCHEIX, conservateur-adjoint de la bibliothèque
de l'École nationale des Beaux-Arts.

MARCOU, inspecteur-général adjoint des Monuments
historiques.

MARÉCHAL, inspecteur de l'Enseignement musical.

MARIAUD, architecte des Bâtiments civils.

MARQUETTE, inspecteur de l'Enseignement du dessin
et des Musées.

MARRAS, conservateur du Dépôt des ouvrages d'art.

MARX (R.), inspecteur général adjoint des Musées des
départements.

MATERRE, secrétaire agent-comptable du musée de
Versailles.

MATTÉÏ, rédacteur au Ministère des Beaux-Arts.

MAYEUX, architecte des Bâtiments civils.

MERCIER, attaché à la conservation du Palais de
l'Élysée.

MICHEL (André), conservateur au Musée du Louvre.

MICHON, conservateur-adjoint au Musée du Louvre.

MIGEON, attaché à la conservation du Musée du Louvre.

MIOT, (vice-amiral), conservateur au Musée du Louvre.

MIZON, attaché à la Direction des Beaux-Arts.

MOCHEL, agent-comptable de la Manufacture nationale des Gobelins.

MOLIN, rédacteur à la Direction des Beaux-Arts.

MOLINIER, (E), conservateur au Musée du Louvre.

MONDUIT, architecte des Bâtiments civils.

MORAND, attaché au secrétariat des Musées nationaux.

MOULLÉ, attaché à la Direction des Beaux-Arts.

MOYAUX, inspecteur général des Bâtiments civils.

MULLER, contrôleur à la Direction des Beaux-Arts.

MUNTZ, conservateur de la bibliothèque, des archives et
des collections de l'École nationale des Beaux-Arts.

MM. NARDOT, contrôleur à la Direction des Beaux-Arts.

NOLHAC (DE), conservateur du Musée de Versailles.

OUDINOT, sous-chef de bureau à la Direction des Beaux-Arts.

PAILLERON, inspecteur-Adjoint des Théâtres.

PARFU, rédacteur au Ministère des Beaux-Arts.

PARNAGEON, contrôleur du conseil général des Bâtiments civils.

PASCAL, inspecteur-général des Bâtiments civils.

PATÉ (Lucien), chef de bureau à la Direction des Beaux-Arts.

PAULIN, architecte des Bâtiments civils.

PELLETIER, rédacteur, secrétaire de la Commission d'examen des ouvrages dramatiques.

PÉRATÉ (A.), conservateur-adjoint au Musée de Versailles.

PERDREAU, sous-chef de bureau à la Direction des Beaux-Arts.

PERRAULT-DABOT, rédacteur à la Direction des Beaux-Arts, archiviste de la Commission des Monuments historiques.

PERRIN, secrétaire de l'administration de la Manufacture nationale de Sèvres.

PERRIN, attaché à la Direction des Beaux-Arts.

PERROT, rédacteur à la Direction des Beaux-Arts.

PETOT, rédacteur à la Direction des Beaux-Arts.

PHILIPPE, calculateur-reviseur à la Direction des Beaux-Arts.

PICOT, chef de bureau à la Direction des Beaux-Arts.

PICQ, rédacteur à la Direction des Beaux-Arts.

MM. PIERRE (Constant), commis principal au Conservatoire
national de musique et de déclamation.

PIERRE, attaché à la Direction des Beaux-Arts.

PIERRET, conservateur au Musée du Louvre.

PILLAULT, conservateur du Musée du Conservatoire
national de musique et de déclamation.

PILLET, inspecteur de l'Enseignement du dessin et des
Musées.

POL NEVEUX, sous-bibliothécaire de l'École nationale
des Beaux-Arts.

PONS, architecte des Bâtiments civils.

POTTIER, conservateur-adjoint au Musée du Louvre.

POUDRAT, attaché à la conservation du Palais de
l'Elysée.

POUZET, rédacteur à la Direction des Beaux-Arts.

PUTHOMME, calculateur-reviseur à la Direction des
Beaux-Arts.

QUÉNESCOURT, rédacteur au Ministère des Beaux-
Arts.

RABIER, directeur de l'Enseignement secondaire au Ministère de l'Instruction publique et des Beaux-Arts.

RAGUET, conservateur-adjoint du Palais de l'Élysée.

RAVAISSON-MOLLIEN, conservateur-adjoint au Musée
du Louvre.

REDON, architecte des Bâtiments civils.

RENGADE, attaché à la Direction des Beaux-Arts.

RÉTY, administrateur honoraire du Conservatoire national de musique et de déclamation.

REYNE, attaché à la Direction des Beaux-Arts.

RIOTTOT, rédacteur au Ministère des Beaux-Arts.

ROCHET, architecte des Bâtiments civils.

MM. ROUSSEL, secrétaire du Musée de sculpture comparée.

ROUX, architecte des Bâtiments civils.

RULLIER, architecte des Bâtiments civils.

SAGLIO, directeur du Musée de Cluny.

SAGLIO, rédacteur au Commissariat des Expositions.

SAINTE-MARIE-PERRIN, architecte des Bâtiments civils.

SANDIER, directeur des Travaux d'art à la Manufacture nationale de Sèvres.

SANDRET, architecte des Bâtiments civils.

SCELLIER DE GISORS, inspecteur général des Bâtiments civils.

SCIÉ, calculateur-reviseur à la Direction des Beaux-Arts.

SÉDILLE, architecte des Bâtiments civils.

SELMERSHEIM, inspecteur général des Monuments historiques.

SERMET, inspecteur des Théâtres.

SILVESTRE (A.), inspecteur des Beaux-Arts.

SOLICHON, attaché à la Direction des Beaux-Arts.

TARNEAUX, attaché à la Direction des Beaux-Arts.

THILLET, architecte des Bâtiments civils.

THIRANT, attaché au Ministère des Beaux-Arts.

TIERSOT, attaché à la bibliothèque du Conservatoire national de musique et de déclamation.

TIFFONNET, attaché à la Direction des Beaux-Arts.

TRAWINSKI, secrétaire agent-comptable au Musée du Louvre.

TRÉMIOT, sous-chef de bureau au Garde-Meuble.

VALENTINO, chef de bureau à la Direction des Beaux-Arts.

MM. VALLETON, architecte des Bâtiments civils.

VANDAL, calculateur-reviseur à la Direction des Beaux-Arts.

VAN EYS, attaché à la Direction des Beaux-Arts.

VAUDREMER, inpecteur général des Travaux diocésains, membre de la Commission des Monuments historiques.

VÉREL, sous-chef de bureau à la Direction des Beaux-Arts.

VILLEFOSSE (Héron de), conservateur au Musée du Louvre.

VOGT, directeur des travaux techniques à la Manufacture nationale de Sèvres.

WALWEIN, architecte des Bâtiments civils.

WECKERLIN, bibliothécaire du Conservatoire national de musique et de déclamation.

WIRIATH, bibliothécaire du Musée du Louvre.

PARIS. TYPOGRAPHIE DE PLON-NOURRIT ET Cⁱᵉ, 8, RUE GARANCIÈRE — 882

www.ingramcontent.com/pod-product-compliance
Lightning Source LLC
LaVergne TN
LVHW010254030726
842520LV00007B/2925